Von A-Z mit Maus + Bär

Spiele mit dem ABC

Isolde Schmitt-Menzel und Ingeborg Ahrenkiel

XENOS

Heute spielen wir Schule, Bär,
wir lernen die Buchstaben von A – Z.

ISBN 3-8212-1543-7

Am Hehsel 40, 22339 Hamburg

Printed in Italy

Tja, Bär, welche Buchstaben kennst du denn schon? Viele, Maus: das M, das A, das U und das S! Und warum kennst du denn gerade diese vier Buchstaben? Weil ich so gern MAUS schreibe! Kannst du das Wort MAUS auch in das gelbe Feld schreiben?

Das hast du schon gut gelernt, Bär. Jetzt will ich aber richtig schreiben lernen, Maus! Nicht ganz so schnell, Bär. Erst mußt du die Buchstaben kennenlernen. Ach so, Maus.

Aber du verrätst mir doch ganz bestimmt, wie ich meinen Namen schreiben kann? Klar, Bär! Und hier auf die Tafel schreibst du dann ganz oft: BÄR! O.K., Maus!

Das Lied vom ABC

Und nun singen wir das Lied
vom ABC, Bär.
Auf los geht's los!

Laß uns jetzt ein paar Spiele und kleine Übungen machen, damit du dann die Buchstaben leichter schreiben kannst.
Das erste Spiel ist gut für den richtigen Schwung, denn deine Hand soll ganz locker sein beim Schreiben!
Kannst du diese Wellenlinien mit dem Stift fortsetzen?

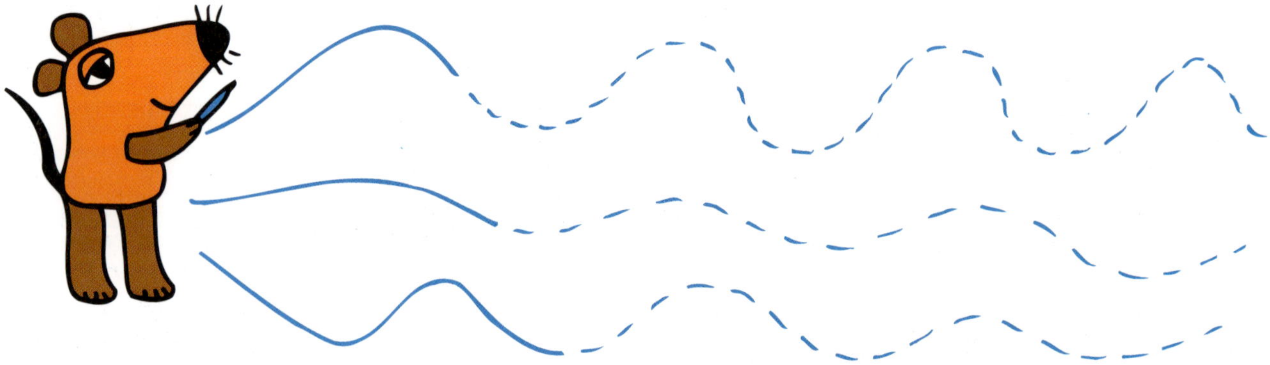

Ahoi, Bär, erinnerst du dich noch an unsere Segelpartie?
Versuch doch einmal, die gestrichelten Linien schwungvoll nachzuzeichnen. Das ist eine gute Vorübung für die runden Buchstaben.
Hui, macht mir das Spaß, Maus!

So ein Ekelwetter! Wie gut, du hast einen Regenschirm, Maus! Du kannst dir doch auch einen Schirm malen, Bär! Das ist eine gute Idee, Maus. Und ich male auch gleich unseren Freunden Regenschirme. Aber nicht dem Regenwurm, Bär, der hat es gern naß! Klar, Maus.

Maus, was machst du denn da oben? Ich sehe mir die Landschaft an, Bär. Das will ich auch, Maus. Aber wie komme ich zu dir hoch, da fehlen ja so viele Sprossen? Kein Problem, Bär. Zeichne sie mit dem Stift, dann kannst du zu mir hochklettern! Gute Idee, Maus. Dann male ich das Bild gleich fertig. Fleißig, Bär! Und wozu war das Spiel gut, Maus? Natürlich, um Buchstaben schreiben zu lernen, Bär! Dann will ich gleich weiterüben.

Diese beiden Bilder wollen wir noch fertigzeichnen.
Weißt du wie, Bär? Klar, Maus! Mit dem Stift natürlich!
Damit verbinde ich die unterbrochenen Linien.

Das wird aber eine lustige Spurensuche, Maus!
Ich will gleich versuchen, mit einem dicken Stift die Spuren zu verfolgen! Und wann lerne ich denn dann endlich die Buchstaben, Maus? Jetzt gleich, Bär!

AMEISE, AMSEL,

AFFENHAUS: NUN
FANGEN WIR AN,

BÄR UND MAUS!

Sehr schöne A's hast du geschrieben, Bär! Jetzt schreib doch die Tafel voll! Das mach ich mit links, Maus!

Und dann kannst du sicher auch gleich noch die Dächer unserer Stadt fertigzeichnen, das ist eine gute Übung für das A, Bär! Gut, Maus, das macht mir richtig Spaß.

Sieben Zwerge haben ihre Zipfelmützen verloren. Kannst du ihnen neue malen, Bär? Ganz bestimmt, Maus! Na, dann bist du ja schon gut vorbereitet für eine Reihe A's! Das geht so leicht wie die Zipfelmützen: Es fehlt nur noch ein kleiner Querstrich.

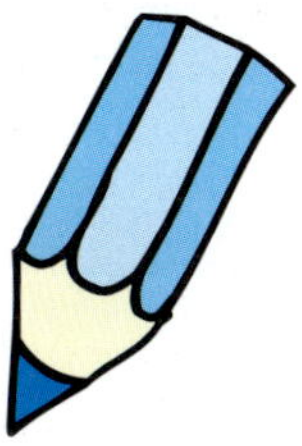

Schreibe deine A's möglichst gleichgroß auf die untere Linie. Der kleine Querstrich kommt auf die dünne Linie darüber, Bär.

In diesem Bild haben sich viele A's versteckt. Kannst du sie finden, Bär? Ganz bestimmt, Maus! Aber paß auf, Bär, ein paar stehen auf dem Kopf!

Lösung: 10 A's haben sich versteckt.

Na, kleiner Bär, was alles findest du hier auf dem Bild, das mit einem B beginnt?
Ganz viele Wörter, Maus! Sind es 14?
Nein, Bär, viel, viel mehr!

Lösung: 28 Wörter fangen mit B an: Badehose, Busch, Ballon, Bahn, Blitz, Balkon, Burg, Brücke, Berg, Bus, Bett, Baum, Bach, Birne, Boot, Brunnen, Bank, Bär, Banane, Bürste, Brezel, Biene, Blume, Buch, Beutel, Ball, Brief und Brille.

Ich glaube, ich habe schon 8 B–Wörter gefunden, Maus. Findest du noch mehr? Mal seh'n, Maus!

Und jetzt schreiben wir zum Üben noch zwei Reihen B's, Bär! Ja, Maus, B – wie Bär!

Ich spiel heut' den Clown, kleiner Bär. Und kennst du das Tier hier unten?
C
Na klar! Das ist doch ein Chamäleon!
Gescheit, Bär! Laß uns noch andere Wörter finden, die mit einem C anfangen!

Hier kannst du jetzt das C üben, Bär. Stell dir vor, bei unseren Tassen, Schüsseln, Kannen und Zuckerdosen wären die Henkel abgebrochen. Wenn du viele C's zeichnest, sind sie alle wieder heil. Wie praktisch du bist, Maus!

Hier darfst du ganz große C's üben, Bär! Das mach ich sehr gerne, Maus!

Jetzt hast du schon drei Buchstaben kennengelernt, Bär!

ABC

Lösung: 32mal A, 10mal B und 8mal C.

D
Mein Gott, Bär, das ist ja ein richtiges Gedicht!
Maus sitzt auf dem Dromedar, die Drachen steigen wunderbar!

All das, was du hier siehst, fängt mit einem D an.
Willst du die D's davorschreiben, Bär?
Das mach' ich gleich, Maus!

Und hier kannst du das D üben, Bär!

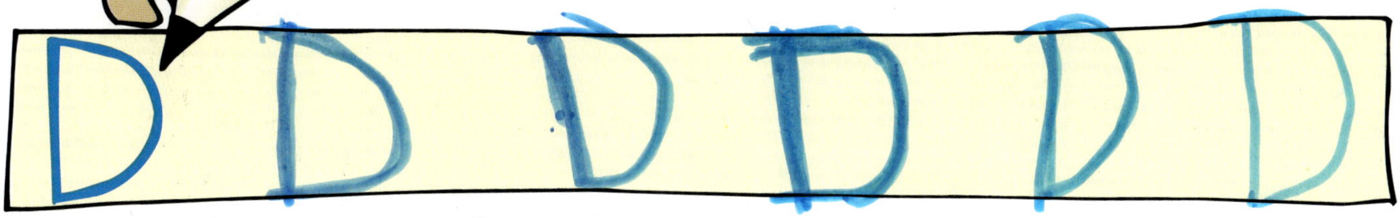

Kennst du Tiernamen, die mit einem E anfangen, Bär?
Na, klar, Maus!

ELEFANT	ELSTER	ESEL	ENTE
	EIDECHSE		

Welche noch?

Weißt du, Bär, wenn ich nicht einschlafen kann, denke ich mir verrückte Geschichten aus. Heute ist es die Geschichte

VOM EISBÄR, EINER ERBSE, EINER ELFE UND EINER ERDBEERE.

Na, Bär, kannst du eine Geschichte zu den Bildern erfinden?
O ja, Maus. Ich erzähl' sie dir.

Hier noch eine Reihe E's zum Üben.

Paß auf, Bär, jetzt kommt das F!
F
FRISCHE
FISCHE
FÄNGT
FROH DIE MAUS,
PACKT SIE INS FEIN
FISCHNETZ,
UND RENNT
FRECH UND
FRÖHLICH
NACH HAUS!

Ja, Bär, ob du diesen Zungenbrecher mal ganz schnell aufsagen kannst?
Klaro, Maus!

FLIEGE	
FROSCH	
FEDER	
FLUGZEUG	
FENSTER	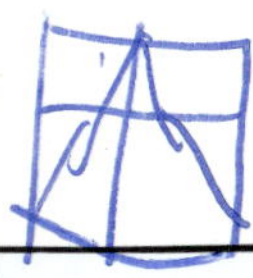
FUCHS	

Und hier hab ich dir noch ein paar andere Wörter mit F aufgeschrieben und etwas dazu gemalt, Bär. Aber das Fenster und das Flugzeug, das malst du selbst, Bär! Ist doch ein Bärenspiel, Maus!

Und hier unten noch eine ganz schöne Reihe F's !

F F F F F F

MIT DER GROSSEN GABEL GREIFT
GANZ GESCHICKT DIE MAUS,
GOLD – GELBE GARBEN.

Komm Bär, schreibe eine schöne Reihe G's. Und darf ich dann auch noch die G's in die Felder vor die Buchstaben schreiben, Maus? Klar, Bär. Ich lese dir dann vor, was du geschrieben hast.

G G G G G G

Und jetzt kommt das G, Bär!

Fällt dir noch mehr dazu ein, Bär?

Klar, Maus. Da will ich gleich ein Bild malen mit meinen Wörtern, die mit einem G anfangen. Na, dann los, Bär! Was malst du denn? Ich male eine GITARRE, eine GABEL, eine GURKE und ein schönes Bild von unserem GARTEN! Da freu' ich mich aber schon sehr darauf, Bär!

Und hier kannst du eine Reihe G's schreiben, Bär.
O, ja, viele große G's, Maus!

HARRO, DER HUND, UND HOPSI, DER HASE, HÜPFEN HINTER MAUS UND BÄR ÜBER DIE STRASSE!

Mir fallen schon so viele Wörter ein, die mit einem H anfangen, Maus! Da bin ich aber gespannt, Bär!

Na, Bär, willst du schon mal versuchen, hier eine Reihe H's zu schreiben? Das mach' ich gleich, Maus.

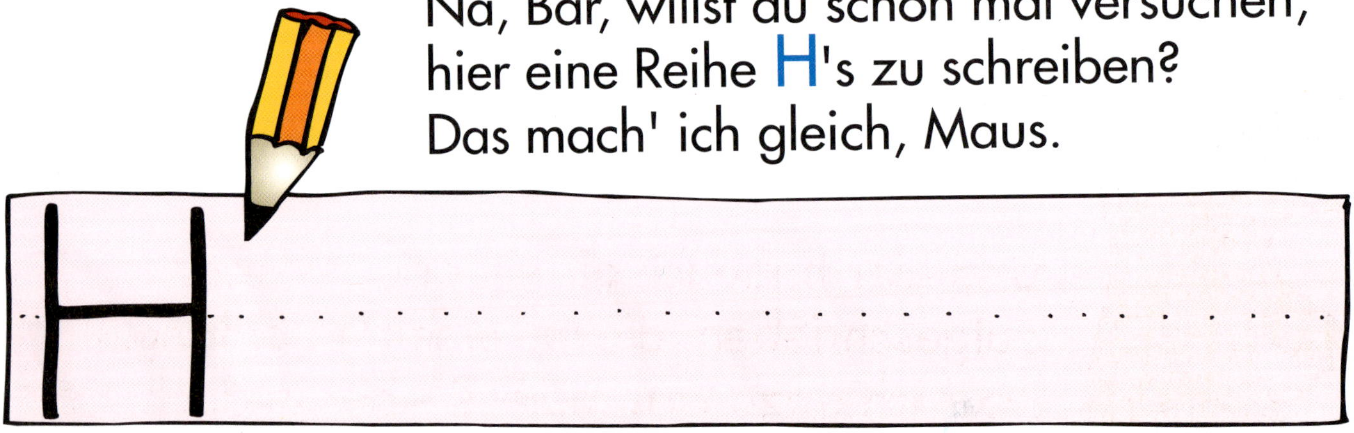

Kannst du auch die H's hier nachmalen?
Versuch ich gleich, Maus!

Und hier habe ich dir ein paar Wörter aufgeschrieben, die mit einem H anfangen.
Darf ich dazu was malen? Aber ja doch, Bär!

Das klingt ganz nach einem I, Maus? Stimmt, Bär.
Willst du gleich eine Reihe I's schreiben?
Das ist aber leicht, Maus! Aber nicht so krumme I's , Bär!

Hier kannst du die fehlenden I's in die Felder schreiben, Bär. Ja, Maus, und ich will versuchen, daß sie ganz gerade werden! Da bin ich aber gespannt, Bär!

I LTIS
I NSEL
I GEL
I NDIO
I NSEKT
I TALIEN

Maus, Maus, hilf mir! Ich hab mich verlaufen! O, je, Bär. Da muß ich schnell den richtigen Weg zu dir finden!

So, Bär, jetzt kannst du noch einmal all die Buchstaben abschreiben, die du bis jetzt kennengelernt hast. Das ist eine gute Erholung nach dem Abenteuer, Maus. Dazu singe ich am besten das Lied vom ABC. Gute Idee, Bär.

Und hier darfst du das Schreiben üben wie in der Schule: Schreibe ein paar Buchstaben von all denen, die du bisher kennengelernt hast, nebeneinander.

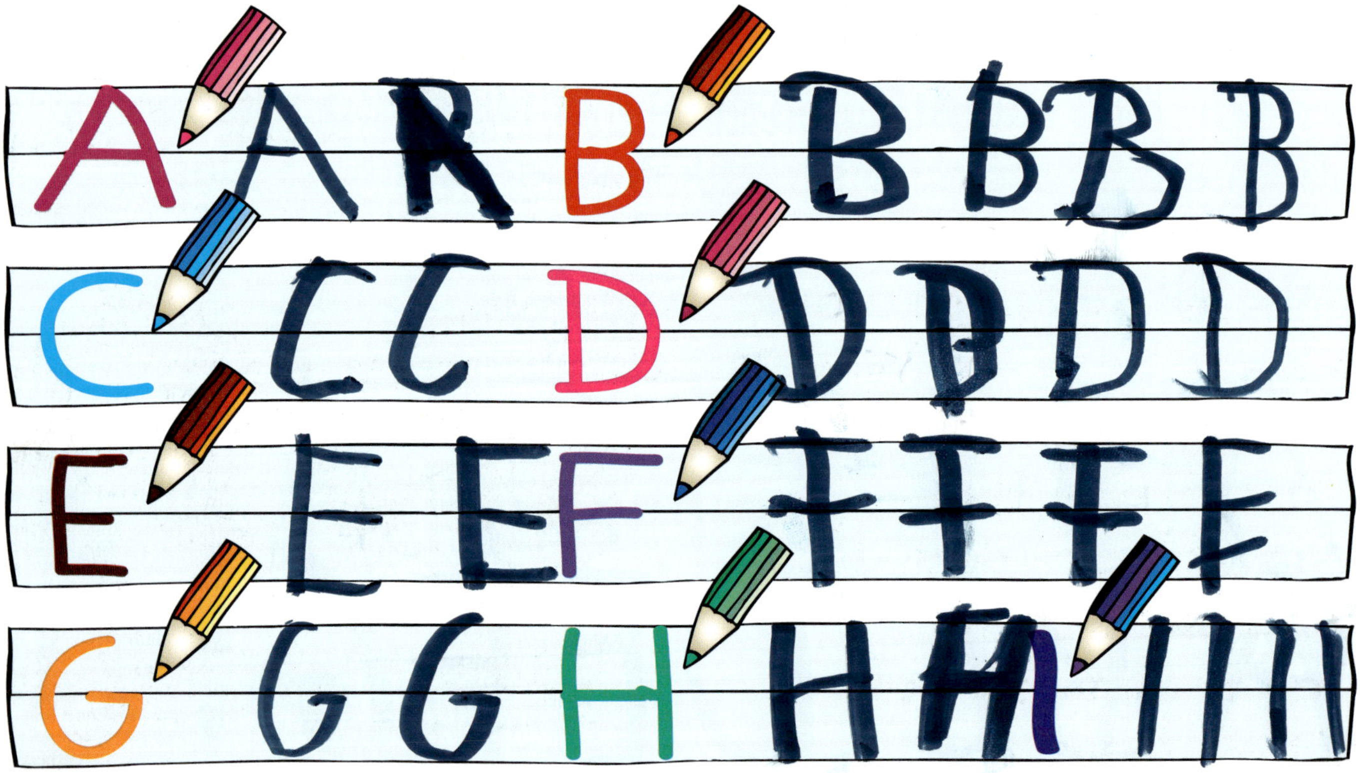

Jetzt weißt du schon, Bär, wie das J aussieht. Wie ein Teil vom Regenschirmgriff, Maus. Stimmt, Bär. Wie oft kommt denn das J auf dieser Seite vor? Da will ich gleich mal zählen, Maus!

Lösung: 15mal.

JOHANNISBEEREN

JACHT

JUNGE

JACKE

JO JO

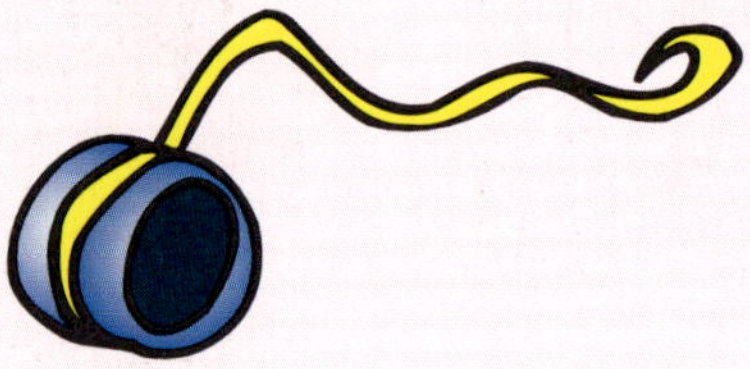

JÄGER

Und hier ist Platz für eine Reihe J's, Bär!

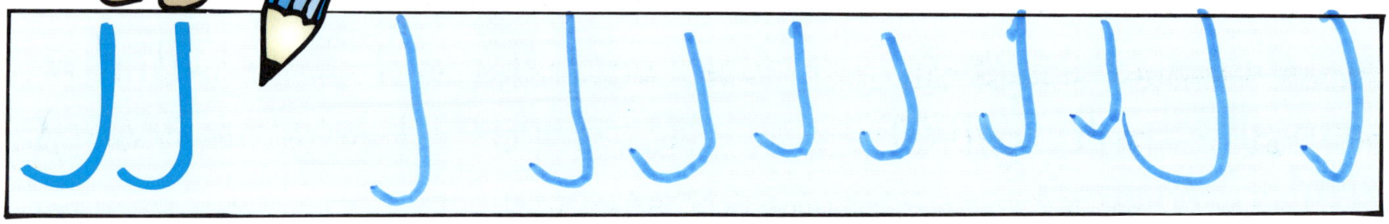

Aber vorher sagst du mir, Bär, was alles auf diesem Bild mit einem K anfängt! O weia, Maus, das ist ja eine Menge!

Lösung: Bär hat über 30 K–Wörter auf diesem Bild gefunden. Wie viele findest du?

Jetzt will ich mal sehen, Bär, ob du ein guter Geschichtenerfinder bist. 6 Wörter habe ich hier, die mit einem K beginnen. Und mit diesen Wörtern sollst du dir eine Geschichte ausdenken. Das ist ja eine tolle Idee, Maus. Darf ich mir auch noch andere Wörter ausdenken? Na klar, Bär!

Also, ich fange an, Maus: Ein Känguruh und ein Kaninchen wollen gern auf den Kirchturm klettern. Aber wie sollten sie da hochkommen? Die Krähe war längst schon oben. Da sahen sie den Kran, der sollte helfen. Aber das Kaninchen hatte Angst, herunterzufallen. Da nahm es etwas Klebstoff. Und wie geht es weiter, Bär?

Hier kannst du eine Reihe K's üben, Bär!

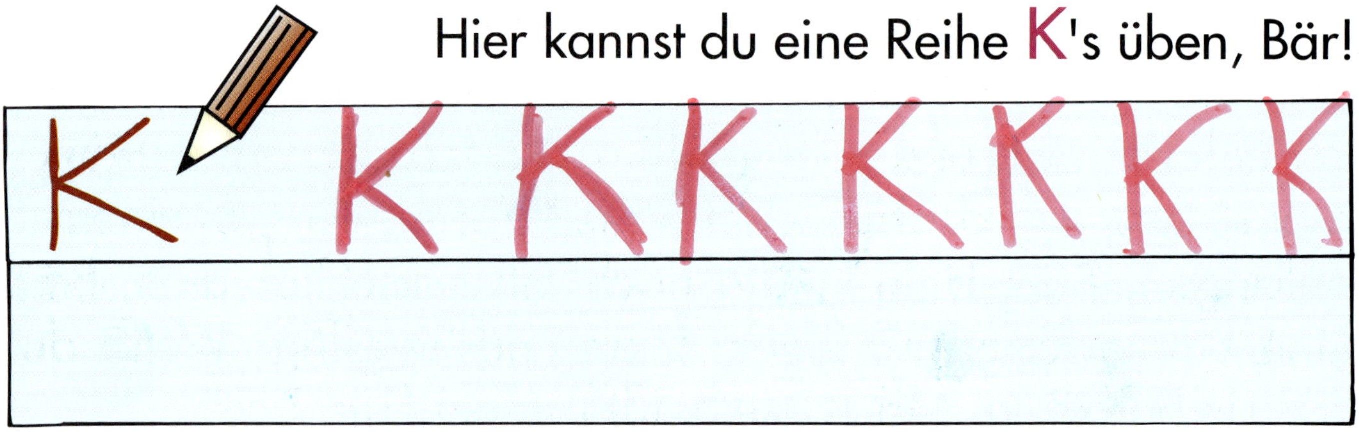

Da hast du aber ein schönes Gedicht gemacht, Bär. Find ich auch, Maus. Und wie geht es weiter, Bär? Dazu muß ich mir erst noch viele Wörter suchen, die mit einem L anfangen! Ich helf dir, Bär, und sehe mal im Wörterbuch nach. Prima, Maus! Sag mir doch nochmal die Wörter, die mit einem L anfangen, Bär! Hmm! Nun noch ein Rätsel für dich, Bär: Eine Blume fängt mit einem L an und ist giftig. Weißt du, wie sie heißt? Ja, Maus, sie heißt Lupine! Gut, Bär!

Hier habe ich ganz viele Wörter gefunden, die mit einem L anfangen, Bär. Und jetzt ein paar Spiele für dich. Welche denn, Maus? Na, erstens kannst du aus vier Wörtern eine Geschichte erfinden. Und zweitens, Maus? Du kannst die Geschichte malen. Und drittens... Du kannst dir ein kleines Gedicht aus den Wörtern ausdenken. Dann fang ich mal gleich an!

Na, Bär, wie viele Tiere findest du auf dem Bild, die mit einem M beginnen?

Lösung: Marienkäfer, Maus, Möwe, Maikäfer, Made, Maulwurf, Mastiff (das ist eine englische Hunderasse).

Na, Bär, was fällt Dir noch zum M ein?

MÜCKE
MÜHLE
MESSER
MILCH
MANDARINE
MELONE
MUSCHEL
MEER
MAKRELE
MATROSE
MÖWE
MANTEL
MÜSLI
MANTA
MEERJUNGFRAU

Im Nebel der Nacht schlafen Nilpferd und Nashorn gut bewacht.

Und hier, Bär, eine schöne Reihe N's:

Kannst du auch die N's in die Kreise schreiben?
Laß dir dann vorlesen, was du geschrieben hast!

○IEDLICHE ○ACHTGESPENSTER
○ÄHEN ○AHE AM ○IL ○EUE
○ACHTHEMDCHEN. EIN
○ASHORN ○IEST IN DER
○EBELNASSEN ○ACHT.

Hilf mir, Maus, meine O's wollen gar nicht rund werden.
Sie sehen aus wie Ostereier! Dann mußt du eben üben, Bär.
Am besten, du fängst einmal so an:

Kannst du hier schon die fehlenden O's einsetzen?

☐ FEN ☐ STERHASE ☐ RANGE

☐ MA ☐ CHSE ☐ NKEL

☐ PA ☐ BST ☐ KTOBER

☐ LIVE ☐ HR ☐ TTER

Hier ist eine gute Übung für's O, Bär.
Zeichne mit dem Stift die gestrichelten Linien nach!
Kannst du auch die fehlenden O's einsetzen?

□H, □H, □H DA □BEN
H□PST EIN GR□SSER
FL□H – W□, W□, W□.

Na, Bär, kannst du eine spannende Geschichte erfinden zu P-Wörtern, die du hier findest?
Mal sehn, Maus: Es war einmal eine Prinzessin, die ritt mit ihrer allerliebsten Puppe auf einem großen Pferd...

Komm, Maus laß uns ein Piratenspiel machen. Wie geht denn das, Bär? Zwei verschiedenfarbige Knöpfe sind unsere Spielfiguren. Dann brauchen wir noch einen Würfel, und auf los geht's los! Ich habe eine 4 gewürfelt! Gut, Maus! Dann gehe auf das erste O und sage schnell drei Wörter, die mit einem O anfangen. Ach so, Bär. Aber wenn mir nur zwei einfallen? Dann bekommst du keinen Punkt und ich bin wieder dran, Maus. Wer zuerst am Ziel ist mit den meisten Punkten, der hat gewonnen.

Und hier noch eine Reihe Q's zum Üben für dich, Bär.
Das ist ja ganz einfach und sieht aus wie ein O mit einem kleinen Schwänzchen. Gut beobachtet, Bär!

QUWAK, WAK, WAK

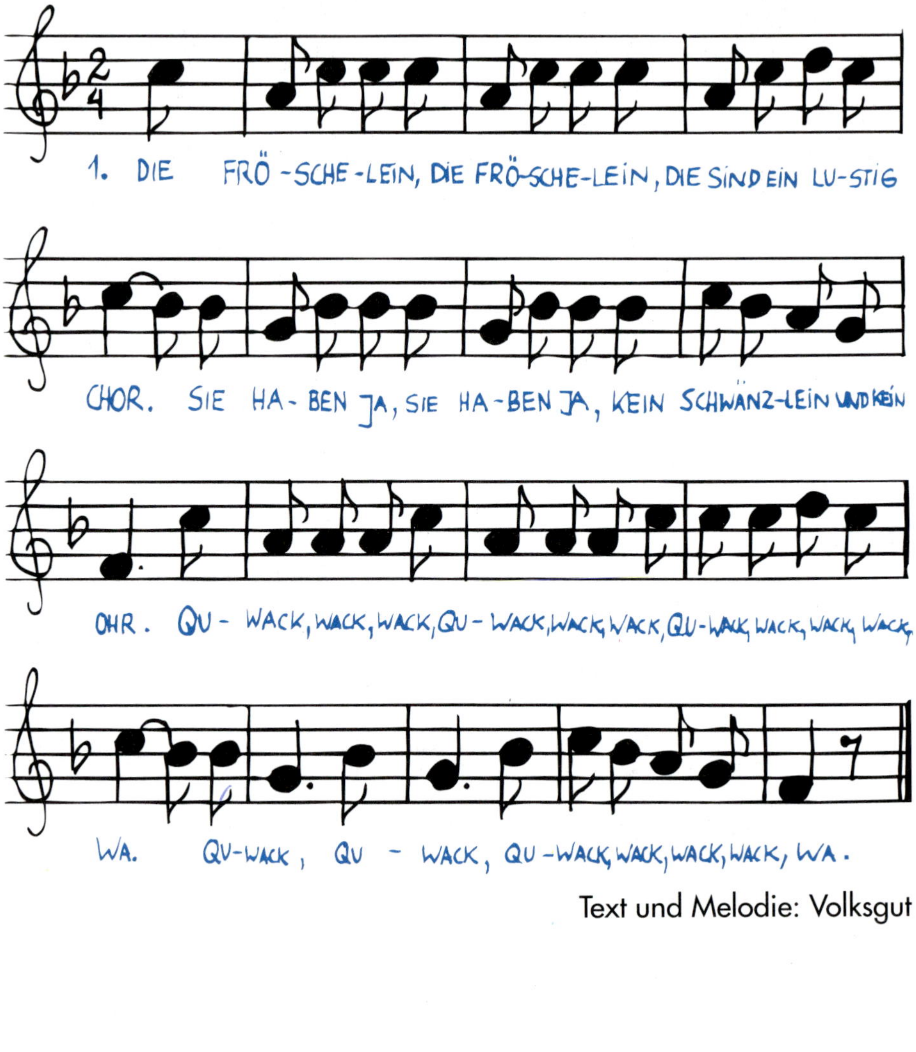

Text und Melodie: Volksgut

REITET EIN RAUHER RAUBRITTER
AUF DEM RAPPEN, DA RUFEN DREI
RABEN RUHELOS: RAB, RAB, RAB.

Na, Bär, wie viele R's findest du auf diesem Bild?
Schreibe die Lösung in das Feld!

Lösung: 15 R's findest du auf diesem Bild.

Das wird eine Rätselseite, Bär! Ach so, Maus, Rätsel fängt ja auch mit einem R an! Stimmt, und du darfst die fehlenden R's einsetzen!

1. Wie heißt das Kinderlied:

□i□A□UTSCH

2. Zwei ganz bekannte Märchen fangen mit einem R an:

□OTKÄPPCHEN
□APUNZEL

3. Welche Farbe fängt mit einem R an? Male sie hier auf, Bär!

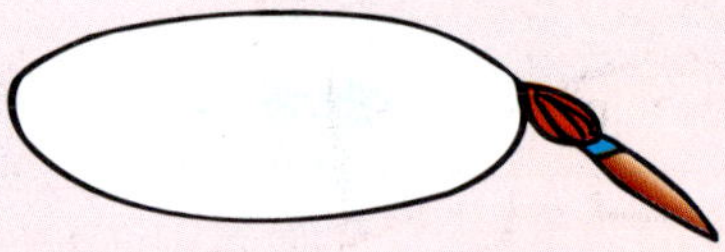

4. Eine Blume mit Dornen? □OSE

Ich kenne noch viele Wörter, die mit einem R anfangen! Ich mal sie dir auf, Maus. Erkennst du, was ich meine?

Und hier noch eine Reihe R's zum Üben, Bär!

Und jetzt kommt das S, Bär! Und bevor du eine Reihe mit sehr schönen S schreibst, hier noch eine Aufgabe für dich: Was alles findest du auf diesem Bild, das mit einem S, mit einem ST aber auch mit einem SCH beginnt?
Vieles, ganz vieles, Maus!

Lösung: Segelboot, Sonne, Segelflugzeug, Seemöwe, Saftflasche, Seestern, Sandalen, See, Steine, Stiefel, Stern, Schilf, Schnecke, Schmetterling, Schwimmring, Schlauchboot, Schwanz.

... EE	.... EEPFERDCHEN	.... CHLITTEN
.... PINNE	.... EESCHLANGE	..... CHNEE
... EIFE	... PITZE	..... CHAUFEL
..... ALZ	.... ALAMANDER	.... CHLEIFE
... IEB	... EIFENBLASE	... CHACHTEL
... PIEL	.... EERÄUBER	... CHAUKEL

In unserem Safaribild haben sich viele Tiere versteckt, die mit einem S oder auch SCH anfangen. Wie spricht man denn das, Maus? Na: sch, sch, sch..., wie eine Dampflokomotive. Verstehe, Maus! Aber einige der Tiere gehören nicht in den Dschungel, Bär. Weiß du auch, welche?

AN DER TRÄNKE TRINKEN TAUBEN,
TIEF IM TAL DIE TIGER SCHNAUBEN.

Da hast du dir ja wieder einen mausestarken Spruch ausgedacht! Und wie viele T's haben sich im Bild versteckt, Bär? Mal zählen, Maus! Hier habe ich ein paar Wörter für dich gesammelt, die mit einem T beginnen. Kannst du dir dazu eine Geschichte ausdenken oder vielleicht ein kleines Gedicht? Klar, Maus, ich schreibe aber erst die T's davor!

...EE	...ANTE	...RUHE	...ROMPETE
...ASSE	...EDDY	...ROMMEL	...ELLER
...ISCH	...EPPICH	...OPF	...ÜTE

Mit diesen Buchstaben wollen wir jetzt ein kleines Wiederholungsspiel machen, Bär! Und wie geht das? Erstens: Du schreibst vor jedes Wort den richtigen Buchstaben! Das mach ich gleich!

☐OGHURT	☐OHL	☐UDELN
☐ADIESCHEN	☐ALZ	☐ELLER
☐RAUBEN	☐ILCH	☐ALAT
☐ARMELADE	☐ASSE	☐UARK
☐ARTOFFELN	☐IMO	☐UDDING
☐RANGEN	☐ÄSE	☐AROTTEN

Und zweitens, Maus? Zweitens, Bär, räumst du jeden Gegenstand an den richtigen Platz: in den Kühlschrank, in das Küchenregal, in den Gemüsekorb, in die Obstschale. Und wie soll ich denn das machen, Maus? Na, mit deinen Malstiften natürlich!

Uuuuuh, die U's werden aber ziemlich ungleichmäßig, Maus! Hilft nichts, wir müssen üben. Da hab ich doch eine gute Idee, Bär! Bin gespannt, Maus!

Und hier noch eine Reihe U's, Bär!

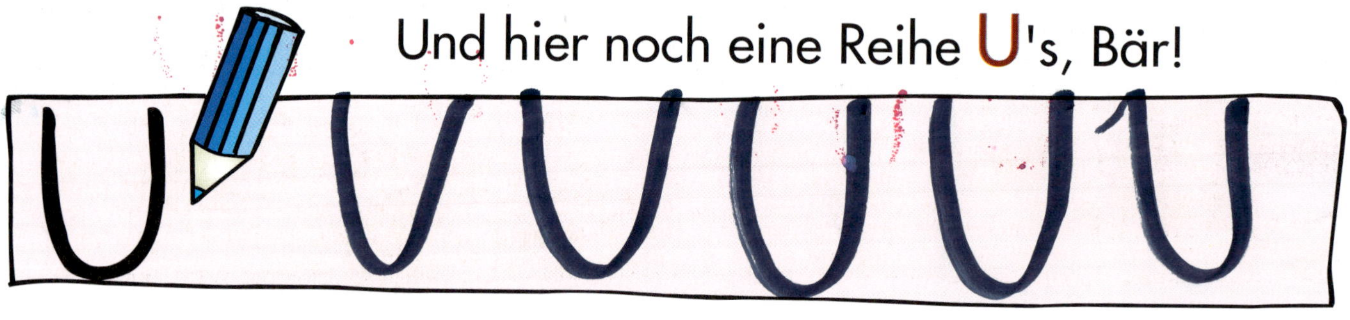

Weißt du noch, Bär, wie wir unser Dach gedeckt und unseren Zaun aufgestellt haben? Oh, ja, Maus. Nun kannst du gemütlich zu Hause U's üben.

Und hier will ich eine Reihe V's schreiben, Maus!
Na, so ganz gleichmäßig werden sie aber nicht!
Da hab ich aber wieder eine gute Idee für dich!

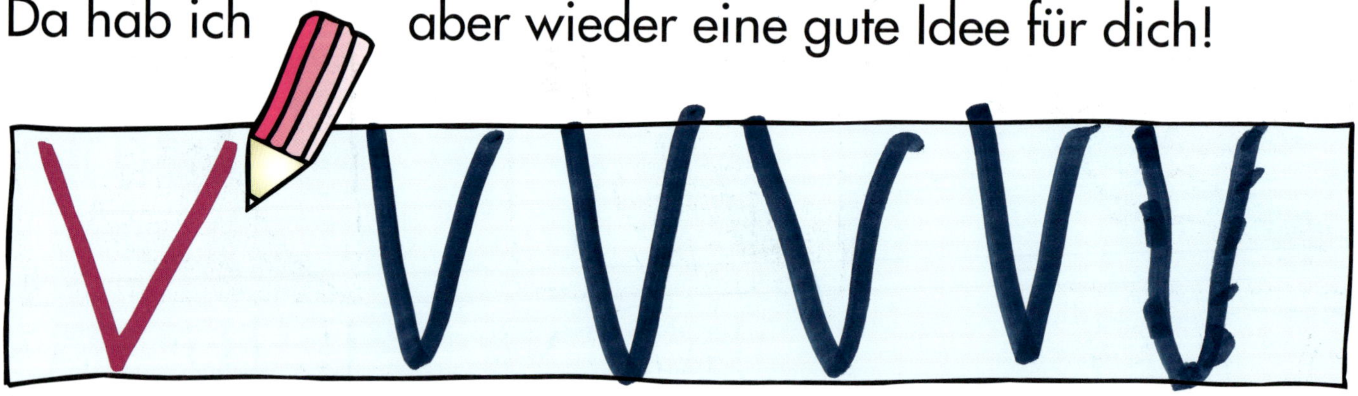

Hier kannst du noch V's üben, Bär! Eis essen wäre mir aber viel lieber, Maus! Ziehe mit dem Stift die V–förmigen Eiswaffeln nach.

Rate mal, Bär:

Was fliegt denn hier?

V OGEL

Wie heißt dieses Instrument?

V IOLINE

Wie nennt man einen Berg, der Lava spuckt?

V ULKAN

Und das ist das W, Bär! Und was hast du dir jetzt wieder für mich ausgedacht, Maus? Viele Wörter, die mit einem W anfangen, Bär. Und du darfst die W's dazuschreiben.

Und hier kannst du eine Reihe W's üben, Bär.

Und hier sind die letzten Buchstaben von unserem ABC, Bär. Willst du sie auch auf die Tafel schreiben? Klar, Maus. Und was fällt dir zu den Buchstaben ein, Bär? Na, zum X: mein Xylophon. Zum Y fällt mir gar nichts ein. Na, Yoga zum Beispiel, Bär. Stimmt, Maus! Aber zum Z, da weiß ich wieder viel! Was denn, Bär? Zirkus, Zauber, Zoo, Zahn, Zug... Schon gut, Bär. Und hier kannst du noch einmal die drei Buchstaben in die Reihe schreiben, Bär.

BUCHSTABEN ZAUBERSPIEL

N....GEL	VO....EL
TAUB....	STIE....EL
MAU....	G....RTEN
MAUE....	E....EL
IGE....	BR....T

Wie geht es jetzt weiter, Maus?

Und hier, Bär, darfst du nun alles auf die Tafel schreiben, was du schon schreiben kannst.
Die Buchstaben von A – Z, aber auch deinen Namen oder die Namen deiner besten Freunde.
Das macht mir Spaß, Maus! Hier unten schreibe ich weiter:

Wenn du noch mehr lernen willst mit Maus und Bär, dann gibt es in der Vorschulreihe auch dieses Maus+Bär-Buch für dich:

Neue Torten

ZABERT
SANDMANN